Onze chansons du Languedoc

RECUEILLIES ET PUBLIÉES

A L'OCCASION

du Congrès du Chant populaire de la Schola Cantorum

A Montpellier, les 3, 4, 5 et 6 juin 1906

PAR

CHARLES BORDES

Fondateur de la Schola

TEXTES LANGUEDOCIENS ET TRADUCTION FRANÇAISE

Revus et corrigés par M. Alph. ROQUE-FERRIER

Prix : 1 franc.

PARIS

AU BUREAU D'ÉDITION DE LA « SCHOLA »

269, rue Saint-Jacques, 269

1906

Onze chansons du Languedoc

RECUEILLIES ET PUBLIÉES

A L'OCCASION

du Congrès du Chant populaire de la Schola Cantorum

A Montpellier, les 3, 4, 5 et 6 juin 1906

PAR

CHARLES BORDES

Fondateur de la Schola

TEXTES LANGUEDOCIENS ET TRADUCTION FRANÇAISE

Revus et corrigés par M. Alph. ROQUE-FERRIER

Prix : 1 franc.

PARIS

AU BUREAU D'ÉDITION DE LA « SCHOLA »

269, rue Saint-Jacques, 269

1906

Onze Chansons du Languedoc

RECUEILLIES ET PUBLIÉES

A l'occasion du Congrès du Chant populaire de la Schola Cantorum

A Montpellier, les 3, 4, 5 et 6 juin 1906

PAR

CHARLES BORDES
Fondateur de la Schola.

TEXTES LANGUEDOCIENS ET TRADUCTION FRANÇAISE

Revus et corrigés par M. Alph. ROQUE-FERRIER

I

L'ESCRIVETA

(Air chanté par Denis Alliès, cocher à Lacaune (Tarn), texte communiqué par M. Roque-Ferrier, à Montpellier.)

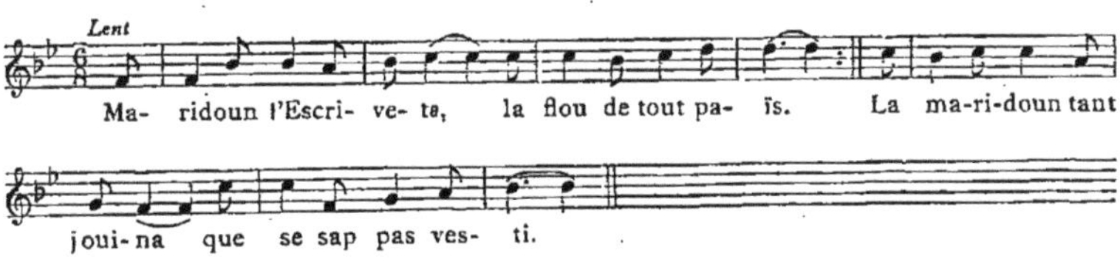

Maridoun l'Escriveta, — la flou de tout païs.
La maridoun tant jouina — que se sap pas vestì.

Soun ome vai en guerra — per la quità grandì.
Lou dilus fan la noça, — lou dimàs es partit.

Au bout de set annadas — s'en tournet au païs.
— « Pan ! Pan ! » pica la porta : — « Mouliè, veni doubrì. »

Sa maire se fai veire : — « Escriveta es p' aicì,
L'avem mandada à l'aiga, — a pas sajut venì ;

Lous Morous nous l'an presa, — lous Morous Sarrasins ! »
— « Ounte l'an enmenada ? » — « Cent legas lion d'aicì. »

— « Farai fa 'na barqueta, — tout emb de pergam fi,
E ieu l'anarai querre, — quand saupriei de mourì ! »

Restet set ans sus l'aiga, — sans res veire venì.
Au bout de set annadas, — abourdet au païs,

Au pais dau rei Morou, — dau Morou Sarrasin.
Aqui troubet de femnas — sus lou bord dau camì :

— « De qu'es aquela tourre — e lou castel d'aquì ? »
— « Es lou castel dau Morou, — dau Morou Sarrasin. »

— « Couma apeloun la dama — qu'an embarrat dedins ? »
— « L'apeloun l'Escriveta, — la flou de soun païs. »

— « Dins lou castel dau Morou, — dau Morou Sarrasin,
Couma es que se pot faire — per ie dintrà dedins ? »

— « Vous cau vestir en forma — de paure Sarrasin
Ou demandà l'aumorna — tout couma un pelerin. »

L'Escriveta en fenestra — de lion l'a vist venì.
— « Fasès l'aumorna au paure, — au noum de Jesus-Crist. »

— « Chambrieira, fai l'aumorna — au paure qu'es aquì. »
— « Fai-la tus, Escriveta — à lous de toun païs. »

— « E quau dis que pot estre — de gent de moun pais.
Que lous aucels que vouloun — podoun pas ne venì,

Sounque las giroundelas, — que van per tout païs. »
— « Digàs-me doun, ô Dama, — voulès-ti ie venì

E quitar ade-vespre — lou païs sarrasin ? »
— « Met la toualha, serventa, — lou paure dinna aicì. »

Dau tems que soun à taula, — l'Escriveta se ris.
— « De que risès, ô dama, — e vous trufàs ansin ? »

— « Es pas de vous que rise, — car ses lou mieu marit,
Mais sibe dau rei Morou, — dau Morou Sarrasin ! »

Escaleroun la tourre — e prengueroun d'or fin.
Anroun dins l'estable — ounte eroun lous roussìs ;

El mountet sus lou rouge, — l'Escriva sus lou gris.
Segueroun pas à l'aiga — que s'ausiguet un crid :

— « Lou Morou vai per orta, — lou Morou 's per aicì
— « L'or jaune que m'emportes, — la mar farié lusì ;

Lous chivals que m'enmenes, — la terra fan fremì !
Set ans l'aviei nourrida — de pan amai de vi ;

Set ans l'aviei vestida — de seda e de satin ;
Set ans l'aviei gardada — per la dounà 'moun fil,

Mais, se la poudiei tene, — la fariei be mourì ! »
— « Se l'as set ans nourrida — de pan amai de vi ;

Se l'as set ans vestida — de seda e de satin ;
Se l'as set ans gardada, — per la dounà 'toun fil,

Era la mieuna femna — e soui lou sieu marit. »

TRADUCTION

On marie l'Escrivette, — la fleur de toute contrée.
On la marie si jeune — qu'elle ne sait pas se vêtir.

Son mari va en guerre, — pour la laisser grandir.
Le lundi on fait la noce ; — il est parti le mardi.
Au bout de sept années, — il revint au pays.
— « Pan ! Pan ! » il frappe à la porte : — « Femme, viens ouvrir. »
Sa mère se montre : — « Escrivette n'est pas ici ;
Nous l'avons envoyée à l'eau, — elle n'a pas su en revenir ;
Les Maures nous l'ont prise, — les Maures Sarrasins. »
— « Où l'ont-ils emmenée ? » — « Cent lieues loin d'ici. »
— « Je ferai faire une petite barque — toute avec [du bois] de perche fin,
Et j'irai la chercher, quand je saurais de mourir ! »
Il demeura sept ans sur l'eau, — sans rien voir venir.
Au bout de sept années, — il aborda au pays,
Au pays du roi Maure, — du Maure Sarrasin.
Il trouva là des femmes — sur le bord du chemin.
— « Qu'est-ce que cette tour — et le château qui est là ? »
— « C'est le château du Maure, — du Maure Sarrasin. »
— « Comment appelle-t-on la dame — que l'on y a enfermée ? »
— « On l'appelle l'Escrivette, — la fleur de son pays. »
— « Dans le château du Maure, — du Maure Sarrasin,
Comment peut-on faire — pour entrer ? »
— « Il vous faut vêtir en forme — de pauvre Sarrasin
Ou demander l'aumône — tout comme un pèlerin. »
L'Escrivette en fenêtre — de loin l'a vu venir.
— « Faites l'aumône au pauvre, — au nom de Jésus-Christ. »
— « Servante, fais l'aumône — au pauvre qui est là. »
— « Fais-la toi-[même], Escrivette, — à ceux de ton pays. »
— « Et qui dit que cela peut être — des gens de mon pays,
Lorsque les oiseaux qui volent — ne peuvent en venir,
Si ce n'est les hirondelles — qui vont par toute contrée ? »
— « Dites-moi donc, ô dame, — voulez-vous y venir
Et quitter ce soir — le pays sarrasin ? »
— « Mets la nappe, servante, — le pauvre dîne ici. »
Pendant qu'ils sont à table — l'Escrivette se rit [à elle-même].
— « De quoi riez-vous, ô dame, — et vous moquez-vous ainsi ? »
— « Ce n'est pas de vous que je ris, — car vous êtes mon mari,
Mais bien du roi Maure, — du Maure Sarrasin ! »
Ils montèrent [dans] la tour — et prirent de l'or fin.
Ils allèrent à l'écurie — où étaient les chevaux ;
Il monta sur le rouge, — l'Escrive sur le gris.
Ils ne furent pas [plus tôt] à la mer — que l'on ouït un cri :
— « Le Maure va par chemins, — le Maure est par ici ! »
— « L'or jaune que tu m'emportes — ferait luire la mer ;
Les chevaux que tu m'emmènes — font frémir la terre !
Sept ans je l'avais nourrie — de pain et aussi de vin ;
Sept ans je l'avais habillée — de satin et de soie ;
Sept ans je l'avais gardée — pour la donner à mon fils,
Mais si je pouvais la tenir, — je la ferais bien mourir ! »
— « Si tu l'as sept ans nourrie — de pain et de vin,
Si tu l'as habillée sept années — de satin et de soie,
Si tu l'as gardée sept ans — pour la donner à ton fils,
Elle était ma femme, à moi, — et je suis son mari. »

II

LA NOURRIÇA DAU REI

(Chanté par M. Étienne Gervais, à Montpellier.)

Lou rei n'a 'na nourriça
Pus bela que lou jour.
Lou rei n'a 'na nourriça,
Liroun lanfà de la lireta ;
Pus bela que lou jour,
Liroun lanfà de la lirà !

Lou rei n'a 'na nourriça — pus bela que lou jour.
Ela s'es endourmida, — lou daufin au coustat,
Quand s'es derevelhada, — l'a trouvat estoufat,
Alor ela es sourtida, — per s'en anà negà,
Lou rei era en fenestra, — que la vesiè passà.
— « Ounte vas, tus, nourriça ? — Lou daufin plourarà. »
— « M'en vau à la rivieria, — Per mous drapous lavà. »
— « Monta dins ta cambreta, — e vai-t'en courdurà. »
Au premiè cop d'agulha, — la justiça a mountat ;
Au segound cop d'agulha ; — la poutencia an draissat,
Quand seguet sus l'escala, — l'escala n'a penchat,
Quand seguet sus l'escala, — lou daufin a parlat :
— « Penchés pas ma nourriça, — qu'ou a pas meritat :
Acos era una flèuma — que m'aviè estoufat ! »

TRADUCTION

Le roi a une nourrice plus belle que le jour ; le roi a une nourrice, la liron, lanfa, de la lirette ; plus belle que le jour, liron, lanfa de lira !

Le roi a une nourrice, — plus belle que le jour.
Elle s'est endormie, — le dauphin à son côté.
Quand elle s'est éveillée, — elle l'a trouvé étouffé.
Alors elle est sortie, — pour aller se noyer.
Le roi était en fenêtre, — qui la voyait passer.
— « Où vas-tu, toi, nourrice ? — Le dauphin pleurera. »
— « Je m'en vais à la rivière, — pour laver mon linge. »
— « Monte dans ta chambrette, — et va-t'en coudre. »
Au premier coup d'aiguille, — la justice est arrivée.
Au second coup d'aiguille, — on a dressé la potence.
Quand elle fut sur l'échelle, — l'échelle pencha.

Quand elle fut sur l'échelle, — le dauphin a parlé.
— « Ne pendez pas ma nourrice, — qui ne l'a pas mérité :
C'était une flegme (pituite) — qui m'avait [en apparence] étouffé ! »

III

LA FONT DAU REI !

(Chanté par M. Roque-Ferrier, à Montpellier.)

Lou rei n'a 'na fonteta, — ai ! – l'aiga ie vai ;
Lous pijouns ie van beure, — ai ! — ieu i'anarai ;
Moun galant es cassaire, — ai ! — tout cassarà ;
En tirant sus la lebre, – ai ! — m'a ieu tuat ;
— « Ma mia, douça mia, — ai ! mau t'ai-ti fach ? »
— « Ben pau ou ben pas gaire, — ai ! n'en mourirai ! »
— « Un poutou sus ta bouca, — ai ! — te garirai ! »

TRADUCTION

Le roi a une petite fontaine, ah ! l'eau y va ;
Les pigeons y vont boire, ah ! moi j'y irai ;
Mon amoureux est chasseur, ah ! il chassera tout ;
En tirant sur le lièvre, ah ! il m'a, moi, tuée ;
— « Ma mie, douce amie, ah ! t'ai-je fait mal ? »
— « Bien peu ou bien à peine, ah ! mais j'en mourrai ! »
— « Un baiser sur ta bouche, ah ! je te guérirai ! »

IV

LA BAGA D'OR

(Chanté par M. Roque-Ferrier, à Montpellier.)

Ai moun amiga qu'es malauta,
Sabe pas se serà per ieu !

Chaca jour parlave à soun paire.
Ie demandave : — « Couma vai ? »

Un jour me respoundet : — « Ma filha
Es garida de tout soun mau !

« L'an entarrada à la grand gleisa ;
Sa testa toca l'escaliè.

« Metràs un ped dessus sa toumba
E la sounaràs par soun noum ! »

— « Quau es aco dessus ma toumba
Que ploura tant e tant sus ieu ? »

— « Aco's toun bon amic, la bela,
Toun amic que te vòu parlà ! »

— « Coussì vos-ti que ieu te parle ?
Ai set pans de terra sus ieu ! »

— « La baga d'or que m'as dounada,
Ieu l'ai encara au pichot det. »

— « La dounaràs à moun ainada
Que l'aimaràs tant couma ieu ! »

— « Per ie la dounà, ie la done,
Mais per l'aimà, l'aimarai pas ! »

« Farai bastì un ermitage,
Aquì ie fenirai mous jours ;

« Ie farai faire dos fenestras,
Una au levant, l'autre au couchant,

« Una per veire moun amiga,
L'autra per veire lou sourel

« E moun manjà serà d'erbage,
E moun beure serà mous plours ;

« Farai marfega de fabrega,
Farai couissì de roumanìs ;

« Farai lençòu de rosas blancas
E couberta de flou de lis ! »

TRADUCTION

J'ai mon amie malade et je ne sais pas si elle sera jamais ma femme !

J'ai mon amie malade et je ne sais pas si elle sera jamais ma femme !
Chaque jour, je parlais à son père ; je lui demandais : — « Comment va-t-elle ? »
Un jour il me répondit : — « Ma fille est guérie de tout son mal !
« Elle est enterrée à la grande église ; sa tête en touche l'escalier.
« Tu mettras un pied sur sa tombe, et tu l'appelleras par son nom ! »
— « Qui est celui-là qui, sur ma tombe, pleure tant et tant sur moi ? »
— « C'est ton bon ami, la belle, ton ami qui te veut parler ! »
— « Comment veux-tu que je te parle ? J'ai sept pans de terre sur moi ! »
— « La bague d'or que tu m'as donnée, je l'ai encore au petit doigt. »
— « Tu la donneras à [ma sœur] l'aînée et tu l'aimeras autant que moi ! »
— « Pour la lui donner, je la lui donne, mais pour l'aimer, je ne l'aimerai pas ! »
« Je ferai bâtir un ermitage et là je finirai mes jours.
« J'y ferai faire deux fenêtres, une au levant, l'autre au couchant,

« Une pour voir mon amie, l'autre pour voir le soleil.
« Et ma nourriture sera d'herbage et je boirai mes pleurs ;
« Mon lit sera fait de fougères et mon coussin de romarins ;
« Les roses blanches seront mon drap de lit et les fleurs du lis ma couverture ! »

V

MARIA D'EN RAMOUN

(Chanté par M. Denis ALLIÈS, cocher à Lacaune (Tarn).

Lou vespre de la noça, — Maria d'en Ramoun (*bis*),
[Las gents de soun vilage — ie fasien un afrount (*bis*) ;
Lou fasien à soun ome, — à soun ome Ramoun (*bis*) :]
— « Paure Ramoun, te troumpa — e cerques pas toun frount (*bis*) !
[— « Barjaires de vilage, — fenissès lou sermoun (*bis*),
Car prestàs à de paures — ce qu'avès à mouloun (*bis*) ! »]

TRADUCTION

Le soir du mariage, — Marie, la femme de Raymond,
[Les gens de son village — lui faisaient un affront ;
Ils le faisaient à son mari, — à son mari Raymond :]
— « Pauvre Raymond, elle te trompe — et tu ne cherches pas sur ton front ! »
[— « Bavards de village, — cessez votre sermon,
Car vous prêtez aux pauvres — ce dont vous êtes riches ! »]

VI

LA BELO MARIOUN BOUON MATI S'ES LEVADO !

(Chanté par Louis MOUTON, journalier à Roquecézières (Aveyron).

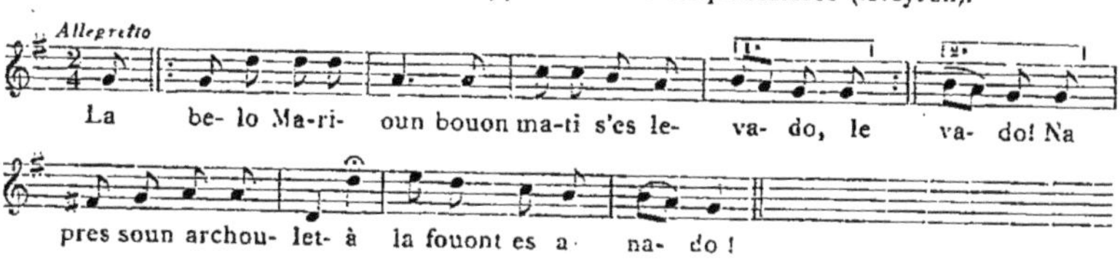

La belo Marioun — bouon mati s'es levado !
Na pres soun archoulet, — à la fouont es anado !
Pel cami n'a troubat — tres cavaliès d'armado !
Lou proumiè n'i'n dihet : — « Quano tant belo damo ! »

Lou segound respoundet : — « Qual sap s'es maridado ? »
Lou trousieme dihet : — « Gaitem-li-lou ' la bago ! »
Lou couquì del marit, — qu'ero aquì qu'escoutavo,
Ne va coupa [tan lèu] — tres brancos d'amarino.
De tant que n'i'n foutet, — li deroumpet l'esquino !
— « Ai, couquì de marit, — vai-t'en cercà ma maire ! »
— « Belo-maire, venès ; — vostro filho es malauto !
« Per un pichot souflet — ai leit elo es anado ! »
— « Ma maire, anas-vous dounc — cerca vite un noutari ! »
— « Hé, noutari, venès : — cal un testament faire !
— « A moun fraire Simoun — n'i'n done tant de vignos !
« Ma souorre Madeloun, — dantelos e marinos ;
« Al couquì del marit — tres pans de couordo fino ! »

TRADUCTION

La belle Marion s'est levée bon matin !
Elle a pris sa petite cruche, elle est allée à la fontaine !
Elle a trouvé sur le chemin trois cavaliers d'armée !
Le premier a dit d'elle : — « Quelle belle dame ! »
Le second répondit : — « Qui sait si elle est mariée ? »
Le troisième dit : — « Regardons-le à la bague ! »
Le coquin de mari, — qui était là qui écoutait,
Va couper aussitôt — trois branches de saule.
De tant qu'il lui en donna, — il lui rompit l'échine (l'épine dorsale) ;
— « Ah ! coquin de mari, va-t'en chercher ma mère !
— « Belle-mère, venez, votre fille est malade :
« Pour un petit soufflet, elle est allée se mettre au lit. »
— « Ma mère, allez-vous-en donc — chercher vite un notaire. »
— « Hé, notaire, venez : il faut faire un testament !
— « A mon frère Simon, je lui donne cette quantité de vignes ;
« A ma sœur Madelon mes dentelles et mes parures ;
« Au coquin de mari trois pans de corde fine [pour qu'il soit un jour pendu] ! »

VII

LA CHAMBRIEIRA DE L'AVOUCAT

(Chanté par M. Denis Alliès, cocher à Lacaune (Tarn).

Allegretto

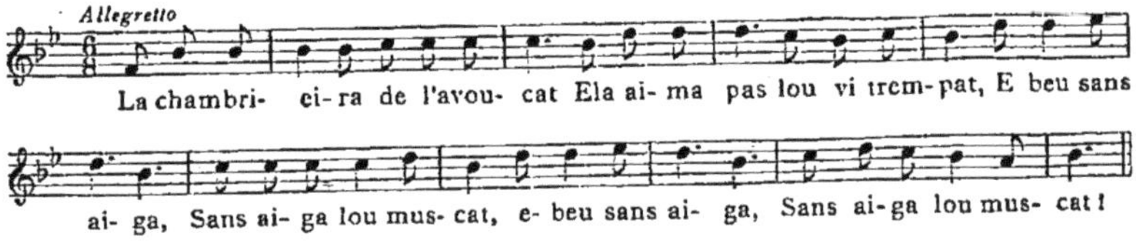

La chambrieira de l'avoucat — ela aima pas lou vi trempat,
E bèu sans aiga, — sans aiga lou muscat !
Quand aget tant e mai pintat, — ie prenguet un grand mal de cap.
Moussu, madama — sabien pas que pensà.
Dins soun liech l'an facha pourtà — e de flassadas atapà :
— « Ieu soui malauta — e pode pas resfa ! »

Moussu, brave couma lou pa, — anet lou medecì cercà :
— « Arribàs vite, — qu'a belèu trespassat ! »
Madama, plena de bountat, — vai querre moussu lou curat :
— « Venès d'ausida, — que la cau counfessà ! »
Lou mege, entre qu'es arrivat, — ie trouvet lou couissì bagnat ;
— « Es pas malauta — e trespassarà pas ! »
Pas prulèu sentì lou muscat, — ie parlet ansin lou curat :
— « Moussu, madama, — la cau pas counfessà !
« Lou bon Dieu ie perdounarà — lou mancament e lou pecat :
Vosta chambrieira — a tout restituat ! »

TRADUCTION

La servante de l'avocat n'aime pas le vin trempé et elle boit sans eau, sans eau le muscat !

Quant elle eut pinté tant et plus, il lui prit un grand mal de tête. Monsieur et Madame ne savaient que penser.

Ils l'ont fait porter dans son lit et couvrir de couvertures de laine : — « Moi, je suis malade, [dit-elle], et je ne puis rien faire ! »

Monsieur, bon comme le pain, alla chercher le médecin : — « Arrivez vite, car elle est peut-être morte ! »

Madame, pleine de bonté, va chercher Monsieur le curé : — « Venez immédiatement, car il la faut confesser ! »

Le médecin, aussitôt qu'il est arrivé, a trouvé le coussin baigné : — « Elle n'est pas malade, dit-il, et ne mourra pas ! »

Aussitôt qu'il eut senti le muscat, le curé leur parla ainsi : — « Monsieur, Madame, il ne faut pas la confesser !

« Le bon Dieu lui pardonnera la faute et le péché : votre servante a tout restitué ! » (elle a tout vomi).

VIII

LOU PLAIDEJAMENT DAU DROLLE

(Chanté par M. Roque-Ferrier, à Montpellier.)

Aval, de long de la prada, — ie segavoun fossa blat,
E la maire embé la filha — l'avien tout pres par mitat.
Segavoun, liavoun de garbas... Segavoun, liavoun de blat.
Segavoun, liavoun lou drolle... Segavoun, liavoun de blat.
A la premiera garbela — an un drolle capitat.
La maire dis à la filha : — « Ieu n'en vole la mitat ! »
Segavoun, liavoun de garbas, etc.

La filha ie fai responsa : — « Lou ciel tombe, s'es vertat !
I'a de juges dins Toulousa, per lou drolle plaidejà ! »
Se gavoun, liavoun de garbas, etc.
— « Adissiàs, Moussu lou juge, — amai Moussu l'avoucat.
Venem aicì, maire e filha, — plaidejà'n poulit goujat. »
Segavoun, liavoun de garbas, etc.
Lou juge qu'aco jujava — pouguet pas las acourdà.
Bailet la filha end au drolle, — à la maire tout lou blat.
Segavoun, liavoun de garbas, etc.
— « Au diable, Moussu lou juge, — amai Moussu l'avoucat !
« E maudespiè la justiça — d'avedre tant mau jujat !
Segavoun, liavoun de garbas, etc.
« Ma filha, qu'era jouineta, — n'auriè d'autres atroubat.
Mais ieu que soui déjà vielha, — ounte n'anarai cercà ? »
Segavoun, liavoun de garbas, etc...

TRADUCTION

Là-bas, le long de la prairie, on moissonnait beaucoup de blé, et la mère avec la fille l'avaient tout pris par moitié. Elles moissonnaient et liaient des gerbes ; elles moissonnaient et liaient le jeune homme ; elles moissonnaient et liaient des gerbes, elles moissonnaient et liaient du blé !

Dans la première gerbe, elles ont rencontré un jeune homme. La mère dit à la fille : — « Moi, j'en veux la moitié. »

La fille lui répond : — « Que le ciel tombe, si c'est ainsi ! Il y a des juges, dans Toulouse, pour décider du jeune homme ! »

— « Adieu, Monsieur le juge ; adieu, Monsieur l'avocat ! Nous venons ici, la mère et la fille, plaider à propos d'un beau jeune homme ! »

Le juge, qui jugeait la chose, ne put les accorder. Il donna la fille au jeune homme et à la mère tout le blé.

— « Au diable, Monsieur le juge ! Au diable Monsieur l'avocat ! Et maudite soit la justice, pour avoir si mal jugé !

« Ma fille qui était jeune, aurait trouvé d'autres jeunes gens. Mais moi, qui suis déjà vieille, où irais-je en chercher ? »

IX

LOU BARTAS

(Chanté par Cabrol, distributeur de journaux à Lacaune (Tarn).

Pierre-Jan se proumenavo — tout lou loung d'un carrieiras.
Rencountret uno pastouro — setado costro un bartas.

La la la rireto la la rireto la la la la larira
— « Pastouro, se vouriès bieure, — uno fount atroubaras.
« Uno fount qu'o de bouno aiga. — Tu te ie refrescaras. »
Lou tems que Marioun pousavo, — Pierre penso à sous afas :
L'anet prenet jout l'aisselo, — la fiquet dins lou bartas.
Quand lou tard se fahet vespre, — va la pastouro embarra.
— « Ai ! de que dira ma maire ? — Dira qu'ei pas pla fiarat !
« N'ei faitos set fusadetos ; — n'ei pas acavat l'escat.
« Aco's lou couqui de pastre — que m'a meso pel bartas ! »

TRADUCTION

Pierre-Jean se promenait — tout le long d'un chemin des champs.
Il rencontra une bergère — assise contre un buisson :
— « Bergère, si tu voulais boire, — tu trouverais [bientôt] une fontaine,
« Une fontaine qui a de la bonne eau. — Tu t'y rafraîchirais. »
Pendant que Marion puisait [de l'eau], — Pierre songe à ses affaires :
Il alla la prendre sous l'aisselle — et la jeta dans le buisson :
Quand l'heure tardive devint le soir, — la bergère va enfermer [son troupeau].
— « Ah ! que dira ma mère? — Elle dira que je n'ai pas bien filé !
« Je n'ai fait que sept petites fusées ; — je n'ai pas terminé l'écheveau.
« C'est la faute du coquin de pâtre — qui m'a jetée dans le buisson ! »

X

MAMOUR JANETO

(Chanté par Denis Alliès, cocher (26 ans) à Lacaune (Tarn).

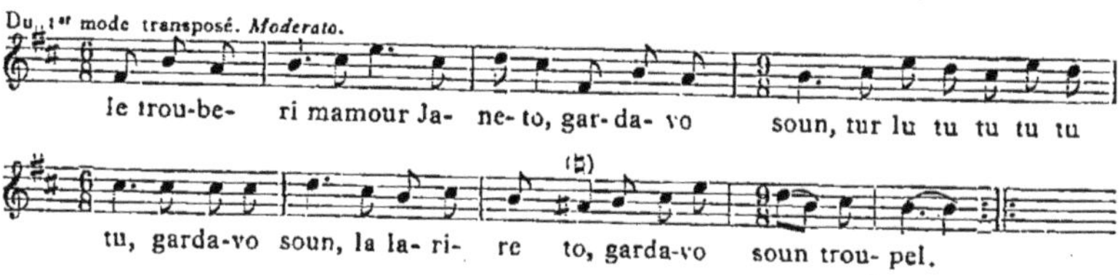

Ie trouberi mamour Janeto,
Gardavo soun..., turlututu tutu, tu,
Gardavo soun..., lalarireto,
Gardavo soun troupel !
E ieu m'en aproucheri, d'elo,
Per la bourra, turlututu, tutu, tu ;
Ne sourtihet sa filouseto,
Per m'en bourra dessus.
Me frapés pas, mamour Janeto ;
Serai vostre..., turlututu, tutu, tu ;
Serai vostre..., lalarireto,
Serai vostre bergè !

TRADUCTION

Je trouvai mamie Jeannette, qui gardait son..., turlututu, tutu, tu ; elle gardait son..., lalarirette, elle gardait son troupeau !

Et moi je m'en approchai, d'elle, pour l'embrasser, turlututu, tutu, tu ; — elle sortit sa quenouille, pour me frapper dessus.

Ne me frappez pas, mamie Jeannette ; je serai votre..., turlulutu, tutu, tu ; je serai votre..., lalarirette, je serai votre berger !

XI

LOU PASTOUREL DE LOUHAGE

(Chanté par Mlle Armandine Moulinier, fille d'auberge à Roquecézières (Aveyron).

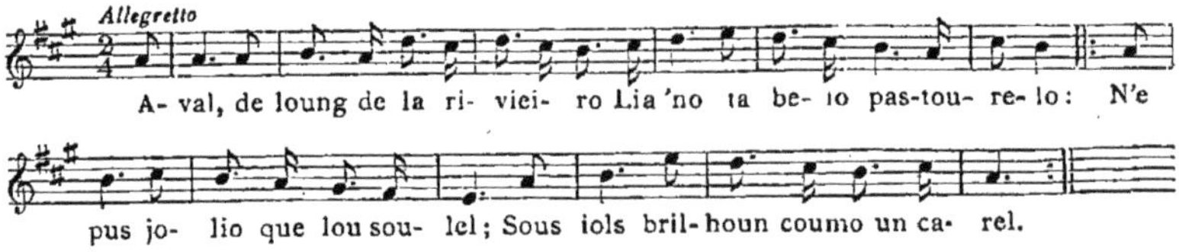

Tant poulido que la trouberi,
Al ped d'elo iou m'asseteri,
En n'i dihent : — « Belo, bounjour ! } *bis.*
Vourias-vous pas louha'n pastour ? }

— Mais, de pastoul, noun m'en fau gaire,
Car de troupel, n'en garde gaire !
Tout pastourel que val quicom } *bis.*
N'es pas à louha per sent Jon ! }

— Mais se iou ne vale pas gaire,
Pretendi pas de gagna gaire :
Uno embrassado, amb un poutou, } *bis.*
Iou serai vouostre servitou ! }

— Nani, Moussu, mais noun pas d'aro,
Qu'ei ma maire que m'a sounado !
Tournas dema ; passat miechour, } *bis.*
Serai souleto dins lou (?) valoun (?) » }

Lou pastourel manquet pas l'ouro,
Qui n'i ovio dicho la pastouro,
Quand lou pastour siasquet al prat, } *bis.*
La pastouro n'aget n'n anat ! }

— « Ai ! se jamai iou l'atroubavi,
A l'airal qu'iou la carressavi,
Quand paire e maire i seriòu, } *bis.*
Jamai iou noun m'arrestariòu ! }

TRADUCTION

Là-bas, le long de la rivière, il y a une si belle bergère : elle est plus jolie que le soleil ; ses yeux brillent comme une lumière !

Je la trouvai si jolie qu'à ses pieds je m'assis, en lui disant : — « Belle, bonjour ! ne voudriez-vous pas louer un pâtre ?

— « Mais, de pâtre, il ne m'en faut guère, car de troupeau, je n'en ai guère non plus. Et tout berger qui vaut quelque chose n'est pas à louer pour la Saint-Jean ! »

— « Mais si, moi, je ne vaux guère, je ne prétends pas non plus gagner beaucoup, Une embrassade avec un baiser et je serai votre serviteur ! »

— « Non, Monsieur, non, mais pas maintenant, parce que ma mère m'a appelée ! Revenez demain, après [l'heure de] midi, je serai seulette dans le (?) vallon (?). »

Le berger ne manqua pas l'heure qui lui avait été dite par la bergère, [mais] quand le berger fut au pré, la bergère s'en était allée !

— « Ah ! si jamais je la rencontrais, moi, sur l'aire et que je la caressasse, alors quand père et mère y seraient, jamais ils ne m'empêcheraient de la caresser ! »

Paris. — Société française d'Imprimerie et de Librairie.

www.ingramcontent.com/pod-product-compliance
Ingram Content Group UK Ltd.
Pitfield, Milton Keynes, MK11 3LW, UK
UKHW032040260826
14628UKWH00007B/3092

9 782019 916787